ВСЕОБЩАЯ ДЕКЛАРАЦИЯ ПРАВ ЧЕЛОВЕКА

Всеобщая Декларация Прав Человека

Издано Организацией Объединенных Наций
Нью Йорк, Нью Йорк 10017, Соединенные Штаты Америки

Авторское право © 2017 Организация Объединенных Наций
Все права сохраняются

Все запросы о авторских правах направлять то адресу:
United Nations Publications
300 East 42nd Street
New York, New York 10017
United States of America

email: publications@un.org
website: shop.un.org

Запросы о разрешении републикации отрывков
направлять по адресу:
permissions@un.org

Всеобщая Декларация Прав Человека
ISBN: 978-92-1-600037-0

Публикации Организации Объединенных Наций

Предисловие

Всеобщая декларация прав человека была принята Генеральной Ассамблеей Организации Объединенных Наций 10 декабря 1948 года во Дворце Шайо в Париже, Франция. Непосредственной причиной, побудившей заняться подготовкой этого документа, стали те бедствия и варварские акты, которые довелось пережить народам мира в ходе Второй мировой войны. В этом документе закрепляются универсальные ценности, не ограничивающиеся рамками отдельных культур, наций и регионов, и провозглашаются неотъемлемые права, которыми должен обладать каждый человек вне зависимости от расы, цвета кожи, религии, пола, языка, политических или иных убеждений, национального или социального происхождения, имущественного, сословного или иного положения в силу его принадлежности к человечеству. Декларация состоит из 30 статей.

В июне 1946 года, то есть практически сразу же после окончания самого смертоносного в мировой истории конфликта, созданный незадолго до этого Экономический и Социальный Совет Организации Объединенных Наций учредил Комиссию по правам человека, в состав которой вошли 18 членов, представлявших разные государства и придерживавшихся разных политических взглядов. На эту комиссию, которая стала одним из постоянных органов Организации Объединенных Наций, была возложена задача сформулировать и подготовить соответствующий документ. Для составления текста статей Всеобщей декларации прав человека Комиссия учредила специальный Редакционный комитет, который возглавила Элеонора Рузвельт. За два года было проведено две сессии Комитета.

Генеральный секретарь Организации Объединенных Наций поручил эту работу Джону Питерсу Хамфри (Канада), занимавшему пост Директора Отдела прав человека Секретариата ООН. Вскоре к нему присоединились другие известные эксперты Комитета, включая Рене Кассэна (Франция), Шарля Малика (Ливан), Пен чун Чана (Китай), Вильяма Ходжсона (Австралия), Эрнана Санта Круса (Чили), Александра Богомолова (Советский Союз) и Чарльза Дьюкса, лорда Дьюкстона (Соединенное Королевство Великобритании и Северной Ирландии). Г-н Хамфри подготовил первоначальный текст, который лег в основу работы Комиссии.

После того как в мае 1948 года Комитет завершил свою работу, обсуждение проекта Декларации было продолжено в Комиссии по правам человека, Экономическом и Социальном Совете и Третьем комитете Генеральной Ассамблеи, после чего в декабре 1948 года этот проект был вынесен на голосование. За это время государства — члены ООН внесли в текст множество поправок и новых формулировок.

Всеобщая декларация прав человека занимает сегодня первое место в мире по числу переводов на разные языки народов мира. Это является наглядным свидетельством ее универсального характера.

Настоящее издание, подготовленное Департаментом общественной информации Секретариата Организации Объединенных Наций, содержит текст всех 30 статей, переведенных на все шесть официальных языков Организации Объединенных Наций.

Всеобщая декларация прав человека

Преамбула

Принимая во внимание, что признание достоинства, присущего всем членам человеческой семьи, и равных и неотъемлемых прав их является основой свободы, справедливости и всеобщего мира; и

принимая во внимание, что пренебрежение и презрение к правам человека привели к варварским актам, которые возмущают совесть человечества, и что создание такого мира, в котором люди будут иметь свободу слова и убеждений и будут свободны от страха и нужды, провозглашено как высокое стремление людей; и

принимая во внимание, что необходимо, чтобы права человека охранялись властью закона в целях обеспечения того, чтобы человек не был вынужден прибегать, в качестве последнего средства, к восстанию против тирании и угнетения; и

принимая во внимание, что необходимо содействовать развитию дружественных отношений между народами; и

принимая во внимание, что народы Объединенных Наций подтвердили в Уставе свою веру в основные права человека, в достоинство и ценность человеческой личности и в равноправие мужчин и женщин и решили содействовать социальному прогрессу и улучшению условий жизни при большей свободе; и

принимая во внимание, что государства-члены обязались содействовать, в сотрудничестве с Организацией Объединенных Наций, всеобщему уважению и соблюдению прав человека и основных свобод; и

принимая во внимание, что всеобщее понимание характера этих прав и свобод имеет огромное значение для полного выполнения этого обязательства,

Генеральная Ассамблея

провозглашает

настоящую Всеобщую декларацию прав человека

в качестве задачи к выполнению которой должны стремиться все народы и государства с тем, чтобы каждый человек и каждый орган общества, постоянно имея в виду настоящую Декларацию, стремились путем просвещения и образования содействовать уважению этих прав и свобод и обеспечению, путем национальных и международных прогрессивных мероприятий, всеобщего и эффективного признания и осуществления их как среди народов государств — членов Организации, так и среди народов территорий, находящихся под их юрисдикцией.

Статья 1

Все люди рождаются свободными и равными в своем достоинстве и правах. Они наделены разумом и совестью и должны поступать в отношении друг друга в духе братства.

Статья 2

Каждый человек должен обладать всеми правами и всеми свободами, провозглашенными настоящей Декларацией, без какого бы то ни было различия, как то в отношении расы, цвета кожи, пола, языка, религии, политических или иных убеждений, национального или социального происхождения, имущественного, сословного или иного положения. Кроме того, не должно проводиться никакого различия на основе политического, правового или международного статуса страны или территории, к которой человек принадлежит, независимо от того, является ли эта территория независимой, подопечной, несамоуправляющейся или как-либо иначе ограниченной в своем суверенитете.

Статья 3

Каждый человек имеет право на жизнь, на свободу и на личную неприкосновенность.

Статья 4

Никто не должен содержаться в рабстве или в подневольном состоянии; рабство и работорговля запрещаются во всех их видах.

Статья 5

Никто не должен подвергаться пыткам или жестоким, бесчеловечным или унижающим его достоинство обращению и наказанию.

Статья 6

Каждый человек, где бы он ни находился, имеет право на признание его правосубъектности.

Статья 7

Все люди равны перед законом и имеют право, без всякого различия, на равную защиту закона. Все люди имеют право на равную защиту от какой бы то ни было дискриминации, нарушающей настоящую Декларацию, и от какого бы то ни было подстрекательства к такой дискриминации.

Статья 8

Каждый человек имеет право на эффективное восстановление в правах компетентными национальными судами в случаях нарушения его основных прав, предоставленных ему конституцией или законом.

Статья 9

Никто не может быть подвергнут произвольному аресту, задержанию или изгнанию.

Статья 10

Каждый человек, для определения его прав и обязанностей и для установления обоснованности предъявленного ему уголовного обвинения, имеет право, на основе полного равенства, на то, чтобы его дело было рассмотрено гласно и с соблюдением всех требований справедливости независимым и беспристрастным судом.

Статья 11

1. Каждый человек, обвиняемый в совершении преступления, имеет право считаться невиновным до тех пор, пока его виновность не будет установлена законным порядком путем гласного судебного разбирательства, при котором ему обеспечиваются все возможности для защиты.

2. Никто не может быть осужден за преступление на основании совершения какого-либо деяния или за бездействие, которые во время их совершения не составляли преступления по национальным законам или по международному праву. Не может также налагаться наказание более тяжкое, нежели то, которое могло быть применено в то время, когда преступление было совершено.

Статья 12

Никто не может подвергаться произвольному вмешательству в его личную и семейную жизнь, произвольным посягательствам на неприкосновенность его жилища, тайну его корреспонденции или на его честь и репутацию. Каждый человек имеет право на защиту закона от такого вмешательства или таких посягательств.

Статья 13

1. Каждый человек имеет право свободно передвигаться и выбирать себе местожительство в пределах каждого государства.

2. Каждый человек имеет право покидать любую страну, включая свою собственную, и возвращаться в свою страну.

Статья 14

1. Каждый человек имеет право искать убежища от преследования в других странах и пользоваться этим убежищем.

2. Это право не может быть использовано в случае преследования, в действительности основанного на совершении неполитического преступления, или деяния, противоречащего целям и принципам Организации Объединенных Наций.

Статья 15

1. Каждый человек имеет право на гражданство.

2. Никто не может быть произвольно лишен своего гражданства или права изменить свое гражданство.

Статья 16

1. Мужчины и женщины, достигшие совершеннолетия, имеют право без всяких ограничений по признаку расы, национальности или религии вступать в брак и основывать свою семью. Они пользуются одинаковы-

ми правами в отношении вступления в брак, во время состояния в браке и во время его расторжения.

2. Брак может быть заключен только при свободном и полном согласии обеих вступающих в брак сторон.

3. Семья является естественной и основной ячейкой общества и имеет право на защиту со стороны общества и государства.

Статья 17

1. Каждый человек имеет право владеть имуществом как единолично, так и совместно с другими.

2. Никто не должен быть произвольно лишен своего имущества.

Статья 18

Каждый человек имеет право на свободу мысли, совести и религии; это право включает свободу менять свою религию или убеждения и свободу исповедовать свою религию или убеждения как единолично, так и сообща с другими, публичным или частным порядком в учении, богослужении и выполнении религиозных и ритуальных обрядов.

Статья 19

Каждый человек имеет право на свободу убеждений и на свободное выражение их; это право включает свободу беспрепятственно придерживаться своих убеждений и свободу искать, получать и распространять информацию и идеи любыми средствами и независимо от государственных границ.

Статья 20

1. Каждый человек имеет право на свободу мирных собраний и ассоциаций.

2. Никто не может быть принуждаем вступать в какую-либо ассоциацию.

Статья 21

1. Каждый человек имеет право принимать участие в управлении своей страной непосредственно или через посредство свободно избранных представителей.

2. Каждый человек имеет право равного доступа к государственной службе в своей стране.

3. Воля народа должна быть основой власти правительства; эта воля должна находить себе выражение в периодических и нефальсифицированных выборах, которые должны проводиться при всеобщем и равном избирательном праве путем тайного голосования или же посредством других равнозначных форм, обеспечивающих свободу голосования.

Статья 22

Каждый человек, как член общества, имеет право на социальное обеспечение и на осуществление необходимых для поддержания его достоинства и для свободного развития его личности прав в экономической, социальной и культурной областях через посредство национальных усилий и международного сотрудничества и в соответствии со структурой и ресурсами каждого государства.

Статья 23

1. Каждый человек имеет право на труд, на свободный выбор работы, на справедливые и благоприятные условия труда и на защиту от безработицы.

2. Каждый человек, без какой-либо дискриминации, имеет право на равную оплату за равный труд.

3. Каждый работающий имеет право на справедливое и удовлетворительное вознаграждение, обеспечивающее достойное человека существование для него самого и его семьи, и дополняемое, при необходимости, другими средствами социального обеспечения.

4. Каждый человек имеет право создавать профессиональные союзы и входить в профессиональные союзы для защиты своих интересов.

Статья 24

Каждый человек имеет право на отдых и досуг, включая право на разумное ограничение рабочего дня и на оплачиваемый периодический отпуск.

Статья 25

1. Каждый человек имеет право на такой жизненный уровень, включая пищу, одежду, жилище, медицинский уход и необходимое социальное обслуживание,

который необходим для поддержания здоровья и благосостояния его самого и его семьи, и право на обеспечение на случай безработицы, болезни, инвалидности, вдовства, наступления старости или иного случая утраты средств к существованию по не зависящим от него обстоятельствам.

2. Материнство и младенчество дают право на особое попечение и помощь. Все дети, родившиеся в браке или вне брака, должны пользоваться одинаковой социальной защитой.

Статья 26

1. Каждый человек имеет право на образование. Образование должно быть бесплатным по меньшей мере в том, что касается начального и общего образования. Начальное образование должно быть обязательным. Техническое и профессиональное образование должно быть общедоступным, и высшее образование должно быть одинаково доступным для всех на основе способностей каждого.

2. Образование должно быть направлено к полному развитию человеческой личности и к увеличению уважения к правам человека и основным свободам. Образование должно содействовать взаимопониманию, терпимости и дружбе между всеми народами, расовыми и религиозными группами, и должно содействовать деятельности Организации Объединенных Наций по поддержанию мира.

3. Родители имеют право приоритета в выборе вида образования для своих малолетних детей.

Статья 27

1. Каждый человек имеет право свободно участвовать в культурной жизни общества, наслаждаться искусством, участвовать в научном прогрессе и пользоваться его благами.

2. Каждый человек имеет право на защиту его моральных и материальных интересов, являющихся результатом научных, литературных или художественных трудов, автором которых он является.

Статья 28

Каждый человек имеет право на социальный и международный порядок, при котором права и свободы, изложенные в настоящей Декларации, могут быть полностью осуществлены.

Статья 29

1. Каждый человек имеет обязанности перед обществом, в котором только и возможно свободное и полное развитие его личности.

2. При осуществлении своих прав и свобод каждый человек должен подвергаться только таким ограничениям, какие установлены законом исключительно с целью обеспечения должного признания и уважения прав и свобод других и удовлетворения справедливых

требований морали, общественного порядка и общего благосостояния в демократическом обществе.

3. Осуществление этих прав и свобод ни в коем случае не должно противоречить целям и принципам Организации Объединенных Наций.

Статья 30

Ничто в настоящей Декларации не может быть истолковано, как предоставление какому-либо государству, группе лиц или отдельным лицам права заниматься какой-либо деятельностью или совершать действия, направленные к уничтожению прав и свобод, изложенных в настоящей Декларации.